Libro de lectura

El fantasma de Canterville
para estudiantes de español

Reading Book

The Canterville Ghost
for Spanish learners

Level A2
Beginners

Read it!

The Canterville Ghost

Oscar Wilde (1891)

El fantasma de Canterville para estudiantes de español

Edited by / Editado por: Read It

Adapted by / Adaptado por: J. A. Bravo

Cover design / Diseño de portada: Read It

Illustrations by/ Ilustraciones de: Francis Rodriguez
Contacto: readitspanish@gmail.com

2014 All rights reserved.

ISBN-13: 978-1502503589

ISBN-10: 1502503581

Canterville Chase

1

El señor Hiram B. Otis era un rico americano de Nueva York. Había venido a vivir y trabajar a Inglaterra, pero no quería vivir en Londres. No quería vivir en la ciudad. Quería vivir a las afueras de Londres.

Canterville Chase era una casa grande y muy antigua, cerca de Londres. Lord Canterville, el propietario, quería venderla. Así que el señor Hiram B. Otis visitó a lord Canterville.

—No vivo en Canterville Chase, — dijo lord Canterville al señor Otis—. No quiero vivir allí. La casa tiene un fantasma. El fantasma de Canterville.

—Vengo de América, —dijo el señor Otis—. Estados Unidos es un país moderno. No creo en fantasmas. ¿Ha visto usted a este fantasma de Canterville?

—No— dijo lord Canterville— pero lo he oído por la noche.

—Yo no creo en fantasmas. Nadie ha encontrado un jamás a un fantasma. Nadie ha puesto un fantasma en un museo. Y usted no ha a visto ese fantasma tampoco.

— Sin embargo, varios miembros de mi familia si lo han visto—dijo lord Canterville—. Mi tía vio al fantasma. Estaba tan asustada que se puso enferma para el resto de su vida. Además, la policía dijo que no se quedara nadie en la casa por la noche. Sólo el ama de llaves, la señora Umney, vive en Canterville Chase. La Sra. Umney vive allí sola.

—Quiero comprar la casa—dijo el señor Otis—. Y voy a comprar al fantasma también. ¿Me venderá Canterville Chase? ¿Va a venderme a su fantasma?

—Sí, lo haré —dijo lord Canterville—. Pero, por favor, recuerde, que le dije lo del fantasma antes de comprar la casa.

Sr. Hiram B. Otis compró Canterville Chase. Su familia llegó a Inglaterra desde América. Él tenía una esposa llamada Lucrecia, tres hijos y una hija.

El hijo mayor, Washington, tenia casi veinte años. Era guapo y tenía el pelo rubio. Sus dos hermanos menores eran gemelos. Tenían doce años. La hija, Virginia, tenía quince años. Tenía grandes ojos azules y una cara encantadora.

El señor Otis llevó a su familia a vivir a Canterville Chase. La vieja casa se encontraba en el oeste rural de Londres. El señor. Otis y su familia viajaron en tren desde Londres. Y llegaron hasta la casa en un carruaje tirado por dos caballos.

Canterville Chase era una casa grande y vieja. Los árboles crecían por toda la finca. La familia Otis quería parar y mirar el exterior de la casa, pero el cielo se oscureció. Una tormenta se avecinaba. La lluvia empezó a caer, por lo que la familia se metió en la casa rápidamente.

La señora. Umney, el ama de llaves, los esperaba en la puerta principal. Ella era una mujer muy mayor y llevaba un vestido negro y un delantal blanco. Ella vivía en Canterville Chase y cuidaba la casa.

—Bienvenidos a Canterville Chase, —dijo la señora Umney —. ¿Quieren tomar el té?

—Sí, por favor —dijo la señora Otis.

La familia Otis siguió a la señora Umney a la biblioteca. Había una gran mesa en el centro de la habitación y muchas sillas. La Sra. Umney puso tazas de té sobre la mesa y trajo una gran tetera.

Los Otis se sentaron en la biblioteca y bebieron el té. Miraron la lluvia por la ventana grande de la biblioteca. La lluvia caía pesadamente y el cielo estaba negro. Oyeron un trueno y vieron un rayo.

La señora Otis observó la habitación. Había muchos libros en las estanterías. Había cuadros en las paredes. También había una mancha roja en el suelo. La mancha roja estaba junto a la chimenea.

— ¿Qué es esa mancha roja?— pregunto la señora Otis a la señora Umney.

—Es sangre —respondió la vieja ama de llaves en voz baja.

—No quiero una mancha de sangre en mi casa —dijo la señora Otis—. Por favor, quite esa mancha. Por favor, limpie el suelo de inmediato.

La anciana sonrió.

—Es la sangre de Lady Eleanore de Canterville. Ella fue asesinada por su esposo, Sir Simon de Canterville, en 1575. La mancha de sangre ha estado aquí por más de trescientos años. No se puede quitar.

—Tonterías— dijo Washington Otis. — He traído un quitamanchas de América, es el quitamanchas Champion. Puede eliminar cualquier mancha. Mira.

Washington Otis sacó el quitamanchas de una bolsa. El quitamanchas parecía un palito negro. Frotó el palo sobre la mancha de sangre. Un minuto después, el suelo estaba limpio. El palo había eliminado la mancha rápida y fácilmente. La Sra. Umney miró al suelo. Estaba asustada. Nadie había quitado la mancha de sangre durante trescientos años.

— Este quitamanchas puede quitarlo todo — dijo Washington Otis—. La mancha de sangre se ha ido.

Cayó un rayo e iluminó la biblioteca. El trueno estalló sobre la casa. La señora. Umney se desmayó.

El señor y la señora Otis ayudaron a la vieja ama de llaves que yacía en el suelo. Los ojos de la señora Umney estaban cerrados y su rostro estaba pálido.

— ¡Señora Umney! ¡Señora Umney! — exclamó la señora Otis —. ¿Puede hablar?

La señora Umney abrió los ojos. Sir Simon saldrá de su escondite, —dijo—. He visto al fantasma. El fantasma vendrá.

Todos los Otis ayudaron a la señora Umney a ponerse de pie.

— El fantasma vendrá —dijo de nuevo—. Usted no debe quitar la mancha de sangre. No hay que limpiar el suelo de la biblioteca. El fantasma se va a enfadar.

Entonces la señora Umney subió a su habitación.

—Vamos a buscar al fantasma —dijo Washington Otis—. Vamos a buscarlo en la casa.

Todos los Otis buscaron juntos al fantasma por la casa. Pero aquella noche no encontraron al fantasma de Canterville.

— *Este quitamanchas puede quitarlo todo.*

2

Aquella noche la familia se fue a la cama temprano. La tormenta continuó durante toda la noche. A la mañana siguiente entraron en la biblioteca.
La mancha de sangre había reaparecido en el suelo.

—Voy a quitar esta mancha de sangre una vez más, —dijo Washington Otis—. Mamá no quiere una mancha de sangre en la biblioteca. Voy a limpiar el suelo de nuevo.

Volvió a quitar la mancha de sangre con el quitamanchas Champion. El suelo de la biblioteca estaba limpio. Pero a la mañana siguiente la mancha había vuelto de nuevo.

—Esto es muy extraño —dijo el señor Otis—. Yo cerraré la puerta de la biblioteca por la noche. Nadie podrá entrar a la biblioteca. Nadie podrá volver a manchar el suelo.

—Creo que realmente hay un fantasma. — dijo Washington Otis—. El fantasma está haciendo la mancha de sangre. El fantasma pone la mancha en el suelo por la noche.

—Tenemos que encontrar a este fantasma —dijo el señor Hiram B. Otis—. Debe dejar de hacer estas manchas. A tu madre no le gusta la sangre en el suelo de la biblioteca.

Ese día la familia se fue de excursión. Caminaron por el campo cerca de Canterville Chase. Se dirigieron a la aldea cercana. Miraron las viejas casas de pueblo. Luego regresaron a Canterville por el bosque. Era una noche de verano y hacia calor.

Era tarde cuando regresaron a la casa. Los Otis estaban hambrientos y cansados. Después de cenar se fueron a la cama Los dormitorios estaban arriba. Había arriba un largo pasillo. Las puertas de las habitaciones estaban a lo largo de este corredor.

El señor Otis se despertó después de la medianoche. Había ruidos extraños fuera de su habitación. Podía oírse un sonido como de arrastrar cadenas.

El señor Otis se levantó de la cama y abrió la puerta del dormitorio. Miró hacia el pasillo

Entonces vio el fantasma de Canterville. El fantasma era un hombre viejo con los ojos rojos. Tenía el pelo largo y gris y llevaba unas ropas muy viejas. Tenía cadenas en sus manos y pies. Frotaba las cadenas para que hicieran ruido.

—Mi querido señor, vuestras cadenas hacen un ruido terrible, —dijo el señor Otis al fantasma—. Debería usted poner un poco de aceite en esas cadenas. Aquí tengo lubricante de los Estados Unidos. Por favor, ponga aceite en sus cadenas.

El señor Otis puso una botella de aceite en una mesa en el pasillo. Luego cerró la puerta de su dormitorio y volvió a la cama.

El fantasma de Canterville se sorprendió mucho. Vivía en Canterville Chase desde hacía trescientos años. Todo el mundo le tenía miedo, porque todo el mundo tenía miedo de los fantasmas. Pero este caballero americano no tenía miedo.

El fantasma de Canterville decidió trabajar más duro. Él quería asustar a los americanos. Él hizo un ruido terrible y encendió una luz verde horrible en el pasillo.

Se abrió otra puerta al final del pasillo. Los hijos menores del señor Otis salieron de su dormitorio. Los dos jóvenes tenían las almohadas de sus camas en sus manos. Tiraron las almohadas al fantasma. Se rieron del fantasma.

El fantasma estaba sorprendido y molesto. Nadie se había reído de él antes. Él era un fantasma. Todo el mundo tiene miedo de los fantasmas. Nunca nadie se había reído del fantasma de Canterville. El fantasma de Canterville no sabía qué hacer. Desapareció a través de la pared y la casa quedó en silencio.

El fantasma se fue a la habitación secreta donde vivía. Se sentó en una silla. Pensó en lo que había sucedido.

Había asustado a la gente durante trescientos años. Había mirado a través de las ventanas y asustado a los criados. Él había llamado a las puertas de los dormitorios. Asustaba a la gente en sus camas. Él soplaba las velas por la noche. Se volvía verde y hacía ruidos con sus cadenas. Todo el mundo siempre se asustaba. Nadie le había dado lubricante para poner en sus cadenas. Nadie le había tirado almohadas. Él era un fantasma muy infeliz.

—Debería usted poner un poco de aceite en esas cadenas.

3

Washington Otis quitaba la mancha de sangre de la biblioteca todos los días. Cada mañana la mancha reaparecía. Pero la mancha ya no era del color de la sangre. Una mañana era marrón. Otra mañana era púrpura. Luego se convirtió en verde brillante.

Los Otis se rieron de la mancha de sangre. La miraban todas las mañanas antes del desayuno.

— ¿De qué color es hoy?— preguntó Washington Otis.

— ¡Es de color verde! —gritaron los gemelos—. La sangre es verde.

Se rieron de la mancha verde en el suelo de la biblioteca.

Virginia Otis no se rió. La joven permaneció en silencio en el desayuno. La mancha de sangre la hizo sentir triste y casi gritó cuando vio la mancha de color verde brillante. Estaba segura de que el fantasma puso la mancha en el suelo. Sintió lástima por el fantasma.

—La mancha ha estado aquí durante trescientos años, —dijo Virginia—. Llevamos aquí tres semanas. El pobre fantasma pone la mancha en el suelo todas las noches. ¿No puedes dejar de limpiar la mancha?

Pero los otros no escucharon a Virginia.

La segunda aparición del fantasma fue en la noche del domingo. Todos los Otis se habían ido a la cama. De repente se despertaron. Oyeron un tremendo estrépito abajo.

Toda la familia salió de sus dormitorios. Corrieron escaleras abajo. Estaba oscuro, pero el señor Otis y su hijo mayor llevaron velas. Oyeron otro ruido de estrellarse algo en el pasillo cerca de la puerta principal.

Había una armadura en el pasillo. Esta armadura tenía más de trescientos años de antigüedad. Había caído al suelo haciendo un fuerte ruido. El fantasma de Canterville estaba sentado en el suelo junto a la armadura.

El fantasma había intentado ponerse la armadura. Quería caminar por la casa con la armadura puesta y asustar a la familia Otis. Pero el traje de metal era demasiado pesado. La armadura se había caído al suelo.

El fantasma de Canterville estaba sentado al lado de la armadura. Se frotaba la rodilla. Él se había hecho daño.

El señor Hiram B. Otis apuntó con un arma al fantasma. Los gemelos Otis rieron ruidosamente. Virginia tuvo miedo y se puso de pie junto a su madre. Todos miraron al fantasma de Canterville.

El fantasma estaba muy enfadado. Se puso de pie y dio un fuerte grito. Apagó la vela de la mano de Washington Otis. No había luz en el pasillo. Entonces el fantasma subió corriendo las escaleras, en la oscuridad.

Se detuvo en lo alto de las escaleras y se rió. Tenía una risa aterradora. El pelo de los hombres se volvía gris cuando oían reír al fantasma. Pero los Otis no tenían miedo.

— ¿Está usted en enfermo? — preguntó la señora Otis —. Tengo una botella de medicina del doctor Dobell. Es bueno para los dolores de estómago y de cabeza. Por favor tómese esta medicina.

El fantasma miró a la señora Otis airadamente. Luego desapareció en una nube verde y regresó a su habitación secreta. Él era muy infeliz. Había intentado meterse en la armadura, pero era demasiado pesada. La armadura se había caído y el fantasma se había lastimado la pierna.

El fantasma se quedó en su habitación durante todo el día. Salió por la noche para visitar la biblioteca. Pintó la mancha de sangre de nuevo. Y cada mañana, Washington Otis borraba la mancha de sangre con el quitamanchas Champion.

Pero el fantasma tenía un problema. Se le había terminado toda su pintura roja. Ahora, usaba pinturas de color marrón y púrpura que se le terminaron también. Así que, a veces pintaba de verde la mancha de sangre y a veces azul.

El fantasma hizo planes. Quería asustar a los gemelos Otis. Entraría en su habitación mientras dormían y se volvería verde haciendo un ruido horrible.

Salió de su habitación secreta a medianoche. La casa estaba a oscuras.

Subió las escaleras y caminó por el pasillo. La habitación de los gemelos estaba al final del pasillo al volver la esquina. Dio la vuelta a la esquina. De pronto se detuvo.

Frente a él apareció una cara redonda con una terrible boca y los ojos ardientes. Un fuego salía fuera de la boca y los ojos de esa cara horrible. ¡Era el rostro de un fantasma!

El fantasma de Canterville dio un grito y corrió a su habitación secreta. Nunca había visto un fantasma antes y estaba muy asustado.

Antes de que llegara la luz del día, el fantasma de Canterville se sintió mejor. ¿Había dos fantasmas en la casa? Él debía saberlo.

Se fue al piso de arriba y caminó por el pasillo hacia la habitación de los gemelos. El segundo fantasma seguía allí, pero sus ojos ya no estaban ardiendo. Se acercó a el. La tocó. La cabeza del segundo fantasma cayó al suelo. No era un fantasma en absoluto. Era una cabeza hecha con una gran calabaza. Los gemelos habían puesto una vela en su interior. Había una tarjeta en el suelo.

El fantasma Otis es el único y verdadero fantasma de Canterville.

Los gemelos habían puesto la cabeza en el pasillo para asustarlo. Esto hizo que el fantasma de Canterville se enfadara mucho. ¿Qué podía hacer? No podía pensar en nada en ese momento, por lo que volvió a su habitación.

Estaba empapado. Los gemelos gritaron y rieron.

4

El fantasma se sintió muy débil y cansado. Se quedó en su habitación durante cinco días. No volvió a pintar la mancha de sangre en la biblioteca.
El había pintado la mancha de sangre en el suelo de la biblioteca durante trescientos años. Ahora el suelo de la biblioteca estaba limpio.

Después de una semana el fantasma se sintió mejor. Decidió intentar una vez más asustar a los gemelos Otis. Pensó poner su cara lo más horrible como le fuese posible. Esperó a la media noche.

Poco a poco y en silencio se dirigió a la habitación de los gemelos. Eran la una de la mañana. La casa estaba en silencio. La puerta de la habitación de los gemelos estaba ligeramente abierta.

El fantasma se quitó la cabeza y se la puso bajo el brazo. Es aterrador ver a un fantasma sin cabeza. Él quería aterrorizar a los gemelos. Abrió la puerta de la habitación de los gemelos. La puerta golpeó contra la pared.

Había planeado gritar y mantener la cabeza entre las manos. Pero una pesada jarra de agua cayó desde la parte superior de la puerta.

Estaba empapado. Los gemelos gritaron y rieron.

El fantasma regresó corriendo por el pasillo. No podía asustar a los gemelos. No podía asustar a nadie de la familia Otis.

Washington Otis salió de su dormitorio. El fantasma dejó de correr. Detrás de él, los gemelos corrian por el pasillo. Gritaban — ¡Boo! — En sus oídos agitando los brazos. Washington Otis se rió de él.

El fantasma no sabía qué hacer. Corrió a través de la puerta más cercana, volvió a la habitación secreta y se acostó. No podía asustar a nadie. Él era un fantasma muy infeliz.

Los Otis no volvieron a ver al fantasma de Canterville esa noche. Los gemelos lo esperaban cuando ya era de noche. Le pusieron una cuerda en el pasillo. Ataron latas de metal a la cuerda. Pero el fantasma no apareció. Sólo el señor Otis que venía por el pasillo. Cayó sobre la tercera cuerda y se enfadó mucho.

Virginia Otis también se enojó con los gemelos.

— ¿No podéis dejar al pobre fantasma tranquilo? ¿Por qué queréis hacerle daño? Él ha vivido aquí mucho tiempo. Dejadlo en paz.

Los gemelos no oyeron a su hermana, pero el fantasma si escuchó las palabras de Virginia. Esas palabras le dieron esperanza.

—No he dormido desde hace trescientos años.

5

Una tarde, Virginia fue a la biblioteca. La puerta de la biblioteca estaba ligeramente abierta. Abrió la puerta de par en par y en silencio entró en la habitación.

Había alguien sentado junto a la ventana. ¡Era el fantasma de Canterville!

Estaba mirando por la ventana de la biblioteca que estaba hecha de vidrios de colores. Había palabras escritas en el cristal.

Llevaba su mejor ropa y se había peinado el pelo largo y gris.

—Me siento muy mal —dijo Virginia en voz baja—. Siento que mis hermanos no sean muy amables con usted. Pero usted intentaba asustarlos.

—Sí, lo hice —dijo el fantasma—. Es mi trabajo, asustar a todos los que vienen a Canterville Chase.

—Es usted muy malo, ya lo sé— dijo Virginia —. La señora Umney, el ama de llaves, nos dijo usted que mató a su esposa.

—Sí, lo hice —respondió el fantasma—. Pero ella no era muy amable conmigo, me trataba mal y no sabia cocinar. Luego los hermanos de mi mujer me encerraron y me mataron de hambre.

— ¿Se muere usted de hambre? dijo Virginia—. Oh, pobre fantasma, ¿tiene usted hambre? ¿Quiere un sándwich?

—No, gracias —respondió—. Yo nunca como nada. Pero usted es muy amable. Usted es mucho más amable que el resto de su familia. Ellos son groseros y desagradables.

— ¡Pare! —exclamó Virginia—. Usted es desagradable y poco amable también. Robó mi caja de pinturas. Usó mis pinturas para que la mancha de sangre en la biblioteca no se borrara. Nunca se lo dije a nadie. Pero ahora voy a buscar a mi padre.

Ella se volvió para irse, pero el fantasma volvió a hablar.

—Por favor, no te vayas, señorita Virginia, —dijo el fantasma—. Estoy tan solo y no soy feliz. No sé qué hacer. Yo quiero ir a dormir y no puedo.

—Es fácil ir a dormir, —dijo Virginia—. Uno va a la cama y cierra los ojos.

— No he dormido desde hace trescientos años —dijo el fantasma—. No he dormido desde que fui asesinado por los hermanos de mi esposa.

Virginia cruzó la biblioteca y miró al viejo rostro del fantasma. Tenía una cara triste.

—Pobre fantasma, — dijo Virginia — ¿cómo puedo ayudarle a dormir?

—Muy lejos, en el bosque —dijo el fantasma, — hay un pequeño jardín. En ese pequeño jardín la hierba crece alta. Hay muchas flores y árboles. Un ruiseñor canta toda la noche. El dulce canto del pájaro es hermoso y triste. Las estrellas blancas y la luna pálida miran hacia abajo en este pequeño jardín. Es muy tranquilo.

Los ojos de Virginia estaban llenos de lágrimas. Se llevó las manos a la cara.

— ¿Quieres decir que es el jardín de la muerte?— dijo en voz baja.

—Sí, ese es el jardín del sueño eterno —dijo el fantasma—. Es muy hermoso. Hay paz y silencio. Allí no hay ayer ni mañana. Pero sólo el amor puede abrir la puerta del jardín. Porque el amor es más fuerte que la muerte.

Virginia no sabía qué decir. Escuchó como el fantasma volvió a hablar.

— ¿Has leído lo que hay escrito en la ventana de la biblioteca?

—Sí— dijo Virginia —, pero no lo entiendo.

—Mira— dijo el fantasma—. Lee las palabras de la ventana.

Virginia miró a la ventana y leyó la poesía:

Cuando una joven rubia logre hacer brotar

una oración de los labios del pecador,

cuando el almendro estéril de fruto

y una niña deje correr su llanto,

entonces, toda la casa recobrará la tranquilidad

y volverá la paz a Canterville.

—Esas palabras significan que debes llorar por mí —dijo el fantasma—. Entonces el ángel de la muerte me dejará descansar. ¿Vas a ayudarme?

— ¿Qué tengo que hacer?— dijo Virginia.

— Tienes que venir conmigo a la oscuridad. Veras cosas extrañas. Escucharás voces extrañas, nada te hará daño. Tú eres buena y amable. La oscuridad no puede hacerte daño.

Virginia no contestó y el fantasma esperó. Había esperado durante trescientos años. Este fue el minuto más largo en todo este tiempo.

— No tengo miedo, — dijo Virginia por fin—. Voy a ir contigo a la oscuridad.

El fantasma le besó la mano. Sus labios estaban fríos como el hielo. El fantasma le tomó la mano y se acercó a la pared de la biblioteca. La pared se abrió. Había oscuridad detrás de la pared y salía viento frío. El viento traía extrañas voces.

— Vuelve, Virginia. Vuelve antes de que sea demasiado tarde.

Virginia entró en la oscuridad con el fantasma. Virginia y el fantasma desaparecieron a través de la pared de la biblioteca.

— *Tienes que venir conmigo a la oscuridad.*

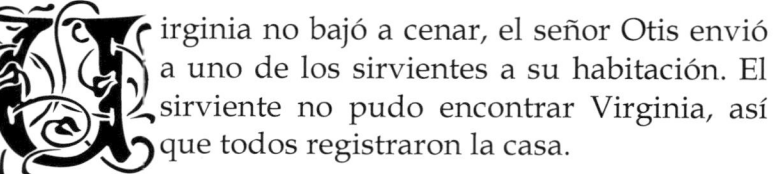

6

Virginia no bajó a cenar, el señor Otis envió a uno de los sirvientes a su habitación. El sirviente no pudo encontrar Virginia, así que todos registraron la casa. Buscaron por todas partes pero no pudieron encontrarla. El señor y la señora Otis estaban muy preocupados.

Era una noche de verano y el sol no se había puesto, por lo que la familia y los sirvientes buscaron en los jardines antes de que oscureciera. En el jardín hay muchos árboles y un estanque profundo. Miraron en el estanque. Miraron en los árboles. Luego preguntaron en la estación de tren. Pero nadie había visto a Virginia. El señor Otis llamó a la policía de la aldea para denunciar que Virginia había desaparecido. Pero, para entonces, ya era de noche y no podían seguir buscando.

Nadie de la familia quería comer o dormir. Se sentaron en la biblioteca y esperaron. Esperaban que Virginia volviera. Planearon buscar Virginia de nuevo por la mañana.

Era medianoche cuando la familia decidió ir a la cama. Salieron de la biblioteca y comenzaron a subir las escaleras juntos. De repente, todos los relojes de la casa dieron las doce y oyeron un ruido terrible. Un trueno estalló fuera de la casa y los Otis oyeron un grito espantoso. Una música extraña sonaba dentro de la casa y se abrió una puerta en la parte superior de las escaleras.

Virginia estaba en la puerta. Ella los miraba desde lo alto de las escaleras. Su rostro estaba muy pálido y llevaba una pequeña caja en la mano.

— ¿Dónde has estado? — Preguntó el señor Otis muy enfadado—. Tu madre ha estado muy preocupada. Nos has asustado. Hay cosas a las que no se debe jugar.

—Padre, — dijo Virginia en voz baja—. He estado con el fantasma. Él está muerto y ahora puede descansar. Él me dio esta caja de hermosas joyas antes de morir.

Mostró a su padre la pequeña caja. Dentro había un collar de rubíes.

— ¿De dónde sacaste esto? — preguntó su padre —. ¿Dónde has estado?

Al señor Otis se le olvidó el enfado. Estaba tan contento de ver que Virginia estaba a salvo.

— Ven. Te lo voy a mostrar, — dijo Virginia.

Se volvió hacia la puerta en la parte superior de las escaleras. Toda la familia la siguió. Washington Otis llevaba una vela encendida.

Virginia les condujo por un pasillo secreto. Llegaron a una puerta de madera vieja, que estaba abierta. Más allá de la puerta había una pequeña habitación con un techo bajo. Había un anillo de hierro en la pared y dos cadenas. Al final de las cadenas había un cuerpo. Sólo quedaban los huesos. Era un esqueleto.

— Este es el cuerpo de sir Simon de Canterville — dijo Virginia —. Él asesinó a su esposa en 1575. Entonces los hermanos de su esposa le encerraron en esta habitación. No se le dieron ni comida ni agua. Sir Simon murió de hambre. Su fantasma ha estado en esta casa durante trescientos años. Pero ahora ha encontrado la paz.

El señor Otis no sabía qué decir. Virginia se arrodilló en el suelo junto al esqueleto y se puso a rezar.

— *Este es el cuerpo de sir Simon de Canterville.*

7

Hubo un funeral cuatro noches después. Los Otis enterraron el cuerpo de Sir Simon de Canterville en una fosa entre los árboles. Era un lugar apartado pero bonito. Los Otis, la señora Umney el ama de llaves, y todos los sirvientes de Canterville estaban allí. Detrás de ellos había gente de la aldea cercana. Mucha gente había venido al funeral.

Virginia llevó flores blancas. Levantó la mirada hacia las estrellas, la luna pálida y los oscuros árboles. Recordó lo que el fantasma había dicho sobre el jardín de la muerte. Un ruiseñor empezó a cantar. El dulce canto del pájaro era hermoso y triste.

Virginia sonrió. —Dios le ha perdonado — dijo.

-Fin-

— *Dios le ha perdonado.*